AF599815

JAVIER MANZANO FIJÓ

MALEZA

JAVIER MANZANO FIJÓ

MALEZA

HUERGA & FIERRO editores

Diseño de Colección: Huerga y Fierro

Primera edición: 2024

C/Sebastián Herrera, 9
28012 Madrid-España
Telf.: 91 467 63 61
www.huergayfierro.com
huerga@huergayfierro.com

I.S.B.N.: 978-84-128640-5-2
Depósito Legal: M-11166-2024
Impreso en Romadac Industria del Libro
Impreso en España/Printed and made in Spain

A Eva Jiménez Rodríguez

MALEZA

La basura ciega
casi todo el *cruceiro*,
un par de ruedas de tractor,
una puerta de madera,
un Ford Ka pinchado.
La vecina dice
que se lo podría haber llevado con él.
Ellos amontonan y ensucian,
ellas dan las explicaciones.
La ortiga solo puede ser silvestre.

En el exterior de la casa   de pura soledad
no hay nada roto   desprendido del suelo
o aplastado y seco   cerca del ruido de la carretera.

Era un ejercicio lento   de las pocas plantas
que seguían con savia   con las raíces separadas del suelo,
ancladas en las tuberías   levemente rotas de óxido y suerte.

Muchas veces antes había pasado   por delante de la casa
por sus paredes de ladrillos sin cubrir   de algunos enseres en el suelo
destrozados como gatos   que apenas asoman la cabeza.

Los últimos años de ajedrez   sagrada e inapetente,
de trabajos esporádicos   en los que no sé cómo tirado en el suelo
le aguantaban aunque lejos   y al final hasta los amigos lo mataron.

Te mataron o te dieron por muerto   que a fin de cuentas
ya no importaba
porque eran los minutos de la basura   de las mantas por
el suelo
y la vida que aguarda mientras sabe que   a pocos metros
te espera apartada la muerte.

Las algas jadean imposibles
en la parte baja del arroyo.
La soledad buscada
del curso vacío.
Un par de años
que no pasaba por aquí,
la maleza oculta
el cementerio,
apenas se ve el ángel de mármol blanco
en el panteón de la esquina.
Ha llegado al agua,
pensábamos que no podía,
pero la corriente también
está sola.
Nada resulta previsible
en el vuelo
de la pareja de cuervos.
Sin luz,
sus viajes
no se posan nunca.
Con los ojos
sigo pensando como ellos,
hasta el último instante
existe alguna opción
para los peces incurables.
Pongo el hastío,
ese sutil aplastamiento
que deja fuera de la vista
a la nostalgia,

comemos con saña
todos los demás hambrientos,
ella y yo.
No hace caja con la suerte
de los no nacidos,
su deseo tiene mucho
de proeza y decisión.
Dice que lo suyo es simple apetito
por la risa
del señalado.
No entiende
que demos de comer
a los animales
que no son productivos,
que prestemos
más atención al tiempo de los gusanos
que a aprender a bailar.
Se come las uñas
y sonríe como nadie.

La pobreza es hereditaria.
La riqueza es hereditaria.

Escribimos
en compensación a los afectos
irreales; a la llovizna
de las razones interesadas
que poderosas
esgrimen el campo de juego
del nuevo desencanto.

¿Pero la alegría es la fuerza del otoño,
la calle
que nos lleva hasta la siguiente feria,
y a ese devenir nos debemos,
a esta sangre mestiza
que necesitamos para seguir?

Gimes como un rizoma,
la emoción espera
al día siguiente,
y aun así decidimos amarnos
sin confiar más
que en ese instante.
En esta intimidad voraz,
y al mismo tiempo,
hacemos todo lo posible por no cancelar
el futuro común,
un futuro que sea
el de cada uno de nosotros
y el de todos.

La lava generosa nos trae tu espalda,
un deseo utópico,
una posibilidad inexacta y real
que obvia las penumbras.

Si nos damos
a la ortodoxia de la incertidumbre,
a esos cientos de palabras
que nos encierran
en un aliento afónico.
La retahíla conocida de:
cuando la pena
más que castigar con dolor
aburre,
cuando para no matarte tú
matas el tiempo,
cuando ser falaz es un derecho
y la expresión tocar fondo
se queda corta.
Busco la voluntad
de la estación radiante
en esa parte de la vida
que pasé migrando y acabó.
La niebla del ruido
en su constancia
reconoce que no hay aquí serenidad,
únicamente cosecha imposible.
Como me tambaleo, la vida
me ofrece algunos amigos.
La humedad de la luz
es la ironía
que construye al margen de razones
de un nuevo sentido.
Tenemos que ver cómo llamarlo, que no sirva
de alimento a los carroñeros
de la peor política.

Quedábamos todas las noches para acabar
con Jules Renard. No soportaba
aquellas frases
a la intemperie.
A veces se caía alguna lámina
de la pared,
como si Van Gogh
no hubiera sufrido bastante.
Recogíamos los trozos de cristal
como jóvenes disciplinados.
La identidad era el absurdo
previo a la risa. Un nuevo todo
un par de noches por semana.
El día que supimos la verdad
dejamos de mirarnos.
No volví a aquel lugar.

Toqué con el envés de mi mano
la punta de su nariz. Estaba fría,
y nada
iba a salir mal. Ella
había conseguido escapar
de aquel maltratador guapo
con cara de lerdo.
Un amigo que conocía a un inspector
comentó que tuviera cuidado.
Pero aquello fue todo. Después,
con los meses,
me quité la costumbre
y ya solo miraba hacia adelante.
Tiene la nariz siempre fría
y los ojos azules.
A veces, se cansa, yo pienso
en las ramas partidas por la tormenta,
no podríamos ser otra cosa.
En eso echamos el resto.

Tu cintura
es la fuerza de mis manos,
los hechos únicos, la sed.
Una generación colapsa
en esa suerte
de claridad,
este ahora
sobre aquellos
que de manera consciente
dejamos el semen,
donde la memoria
olvida tu respiración inexplicable.
Pero eso será mañana,
¿qué rescataré de ti entonces?

Tu cintura
son mis dedos
en los trozos de un acantilado.
No me expliques cómo
funciona el mundo
y disparemos a los relojes.
Hablarán de mí los otros,
iré desapareciendo
en los pliegues mentales
que sucumben a la economía,
en mi caso
no fueron pequeños desmayos
recogidos en tiendas de campaña,

más bien
bucles anodinos
que no acababan de desalentarme.
Ese hábito mío de fabricar existencias
que merecieran la pena
ser contadas.
Después de…
que la desafección llegara a raudales
encontramos que nos decían
todo el tiempo
que no quedaba otra.
No será fácil, no será ya,
pero cuento con tu belleza,
y en cualquier caso,
he de decirte
que te amo.
Quizás soy yo,
o esta palabreja
que, nunca, me gustó demasiado.
Años o días
volviendo a esas primeras horas,
a lo que sucede
pero que no tiene que ver
con nosotros, mientras,
esquivamos el rumor,
la marejada.

Tu cintura,
esa química inconclusa
que nos resguarda.
Inconexos
fingimos las salidas,
ahora encuentras
la realidad agolpada.

Se acabó el dar largas a la memoria,
esperas una forma de celebración
incólume. Son estas las alianzas
que necesitamos,
que algo consumidas
llegan para empujarnos
lejos de toda
misericordia.

¿Por qué debiera ser ahora diferente?
Nuestro futuro a trozos
para salir de esa trampa
de la desesperanza,
formas que caminan
en ese muro
que no es un infranqueable abismo,
tiempo de valentía
y el desprecio
la precariedad eterna
sobre su propio cuerpo
y que nadie sea invisible,
nada. *

Inexorable
el desastre nos mira
y nosotros reímos,
quedamos para luego.
Seamos ingenuos
aunque no lo parezca,
no es un círculo
la primavera.
Hagamos de los derechos humanos
el centro de los márgenes,
permanezcamos juntos.
Imagino nuestro futuro
alejado de esa concepción del poder

* Versos encontrados en el manifiesto *Mover ficha: convertir la indignación en cambio político.*

inútil, cualquier caída
menos romantizar otra vez los harapos,
rendidos antes de tiempo
supe bien que era
la retórica vacua de los gritos,
y después poca cosa,
algoritmos aparte. **

** Mi versión.

No se notaba aún
en la forma que tenías de mirar.
Luego fue todo a peor
aunque yo reía
como si no hubiera un mañana.
Las moscas
firmaron allí nuestro final (mi final).
Lo que no entiendo
es que tuviera que ser
en el bar de carretera
en el que parábamos casi todos los veranos.
Una elegía con acceso
y fácil aparcamiento
que no iba a desaparecer
en los próximos cien años.
Es absurdo
que toda esa soledad
se pase la vida cercada por el ruido
de miles de coches.
Pero son estas
cuestiones intrascendentes
para los que ya no estamos,
ni allí, ni en ningún otro lugar.
Apenas
una memoria hospitalizada,
la conjuntivitis acecha
entregando a la bruma
la poca luz que había quedado en pie,

exprimo los ojos con fuerza
como si no pudiera elegir
y mis deseos ideales
tuvieran que permanecer soterrados
hasta que tu ausencia lejana
y definitiva
presente
los problemas de fondo.

Respiramos
sin nadie cerca,
esa idea de que habrá un lugar
para quedarse mudos, sin carne.
Un presente
calla
pero es desde ahí
donde la vida que queremos
tiene una de las únicas verdades
que podrían llegar a tiempo.
La posibilidad
de cerrar la colmena y el espanto,
de que suceda
en el espacio indistinto
ese ahora de la valentía y las palabras
repletas de swing.
Debemos una explicación
a todos esos muertos,
a nosotros, los ausentes.

Un folio oscuro
cortado
por la mitad,
luego otra vez, y otra, y así,
cuando no quedan más
que un montón de añicos
extiendo las atribuciones esenciales
que como músculos
entregados a la forma
habían ido
deshaciendo algunas
alejadas de la nuestra,
herrumbre y deseo,
disparates puede que solo por pereza,
esa apariencia de delitos
que tienen algunas miserias.
Las más habituales,
no tengo mucho
que añadir. Pero es este un ejercicio
que no va a ningún lugar,
quiero encontrarte
mientras imagino futuros,
he optado, al fin,
porque en toda opresión que nombremos
debiera poderse hallar una expectativa,
que después esas palabras
se digan muy poco.

Seamos los aliados impuros
de las voces
cercadas,
precisos hasta llegar a los pagos
de nuestra cuenta corriente,
bordeemos las pequeñas acciones
que nos han reunido,
son a las que podemos dar la vuelta,
las que pasan desapercibidas,
no son nada
en la historia, y acaban siendo todo,
eso es,
recientes caminos más allá
del tradicional reparto
entre héroes y parásitos.
Algunas ideas
en torno al amor y la política
tienen piel,
otras la textura pacata de la plastilina.

Era por entonces más de Zenobia
que del calvo,
la bolsa de gusanitos llena de lejía
y en ella íbamos poniendo
las jeringuillas del suelo.
Una forma como otra cualquiera
de desinfectar los sinsentidos.
Poco después llegaría la cordura,
la primera huelga general,
los afectos echados a suerte.
En los portales
nos convertimos en algo próximo
al silencio.
Todo lo pensábamos sobre solares
en los que nada
parecía pasar.
Sin embargo, la oscuridad
llegó a su fin
y la vida
volvió a correr hasta la siguiente pared,
salimos al mundo
plenos de voluntad
amarga
recóndita,
sin ni siquiera una foto,
para qué.

La colonia de gatos
está al lado de la estación de tren
en el centro de una gran escalera
por la que te dejabas caer
todos los días.
Tu madre sigue viviendo en esa calle.
Es curioso que ahora
que no te veo,
me encuentre con ella,
con todos esos gatos
que se siguen ocultando
al saber de mí.
El dolor es siempre otro tipo de dolor,
un nuevo absurdo distante.
El desapego que nos aleja,
o no es eso,
y esta forma de belleza
está condenada.
Ahora debiera darme lo mismo,
si en algún momento
llegamos a coincidir, será solo eso,
una conversación
en el portazo
ya imposible,
la librería
de la Calle de la Sierpe.
Eres distinta en la memoria,
la muerte
un par de veces en el espejo,
de tan cruel
no soporta explicaciones.

Si escribo, es pensando
en que en algún momento
iré a abrazarte.
Imagino
que estarás sentada detrás de los libros,
que habrán los meses,
el luto,
hecho una parte del trabajo.

Supimos
que la mayor parte de nosotras
no tendríamos vuelta atrás
en esa tendencia a agolparnos por décadas
insustanciales,
en silbidos.
La violencia machista era
el paisaje de un bar destrozado,
escapamos de allí por instinto.
Cupo alguna discusión que nos llevó a los noventa,
década infame, y también lo contrario,
una juventud como un bosque
después de un fuego latente.
"Yo le dije que no quería nada",
pero dio lo mismo,
para sus amigos era un puto genio, el tiburón.
Todo valía
en la fiesta
de aquellos pijos covidianos.

El río-laguna calla,
en su autobiografía no sale mal parado.
Casi todos los demás,
a punto de caer,
y las ramas de la orilla
se elevan
sobre dos amigas abrazadas en el temporal,
porque ellas y el agua
se salvarán sin duda.
Una propuesta de calma,
de creciente entusiasmo
va más allá de los bordes secos
que guarda el sentido.
Hablan de las semanas que llevan
sin verse,
se ríen del odio
cuya estela reconocen como un canto
absurdo, una pérdida de tiempo, poco más.
Conforme el día acaba
es su fulgor y los cientos de pájaros
que llegan a los huecos del puente
los que auguran
la mirada a salvo.

¿Si ponemos las palabras por escrito
las convertimos en ficción?
El caso de las declaraciones de amor
es el más preocupante. Hasta ahora
no había caído en la cuenta porque
no me detenía en las palabras,
era tu cuerpo una estación única.
De hecho, casi nunca oigo tus susurros
cuando aplastan cangrejos,
después de que hayamos buscado la plaza
donde decidimos enamorarnos
sin conseguir que aparezca.
La hemos buscado en noches cerradas,
en otras de lunas inmensas y mucho calor.
En ocasiones, nos detenemos en alguna
casi idéntica, es la solución
para que mientras tanto
sigamos soslayando el eclipse
de las hojas que yo rompo,
pronunciemos todavía y así
nuestros nombres táctiles.
Los nuestros
y los de cada uno de nosotros,
a este resplandor impreciso nos debemos.

Camina junto a las vacas
que siguen su paso,
empieza a entender
por qué su vecino vomita la música alta
en el establo,
pero no comparte su euforia
ni que tire las pilas usadas al arroyo.
Como señora a punto de jubilarse,
otro tiempo autómata,
no necesita imaginar qué pasará con ella,
en unos minutos llega a casa
y la puerta ha desaparecido.
Un recuerdo cauto
se extiende primero por los meses,
luego por los años, persigo
su final dejando
algunas marcas
a la sombra de los helechos,
unos inmortales triángulos
tienen que soportar todo lo que quede
de ella y de mí.
Ser, esperar
detrás de un cristal,
el tiempo que no acaba nunca
se acaba,
busco su lentitud
en la hierba recién cortada,
apenas una grieta.

Encallan
las encinas que se salvaron
de la ampliación de la autovía;
el plástico acumula
nómadas,
hisopos
escondidos en las trincheras del cerro.
Los buitres pasan muy cerca del asfalto,
se pueden oír sus alas y más lejos
el tráfico abandona
esta carretera para iniciados. La gente
tiene miedo, y es curioso porque
estamos habituados
a los cuerpos desnudos:
a la arena
que no volveremos a ver.
Te preguntas por qué hemos venido hasta aquí,
todos los muros son violentos
cuando volvemos a lo perdido.
Apenas veo
en los errores que la clase social calla,
en otro tiempo
poemas con escarlatina, ahora
simples abandonos,
préstamos preconcedidos.
En no lugares como este indago
sobre lo que debiera ser una rareza
de pensamiento físico.

Los pasos retumban
sobre la desconfianza,
intuyo algún final al acecho,
casi todos los mundos están
algo ausentes sin lágrimas,
enrarecidos.
Me alejo
del simple consumo,
nada que ver con insectos
que sin culpa
cautivan hombres y mujeres
en este saqueo.
La necesidad de seguir
con un hacia dónde,
la dependencia inexorable de las pantallas.

Algún camino tenemos abierto
en los días cualquiera.
El conflicto permanente
llega a nuestros ojos,
la pausa
desata un aguacero tácito
en el que cada noche el cárabo
desocupa el silencio.
La ausencia de luz recuerda
que a estas alturas
la calma ya no sirve.
El orden
y yo, mi voluntad maltrecha
deshace el tiempo,
en ese sótano
incomprensible urge
mi otra vida, pero cuál,
un lugar donde existe
la oportuna tibieza,
el de muchos días en los que no hablo
con nadie. Años
de los que no queda nada.
Busco la vida
en la tarea de vivir.

Tu cuerpo empezó a ser algo rugoso,
tenías 29 años.
De los libros que me había leído
no recordaba nada.
Tu cuerpo
ese interminable protocolo
que me había ido expulsando
finalmente abrió una puerta,
no al infinito, no al pasado,
pero he de reconocer
que, con todo, te fuiste
y quedé tranquilo.
El que ahora, tu cuerpo, esos cientos de libros,
yo, hayamos acabado en el punto limpio
para perpetuidad,
no deja de ser una sugerente alegría
fuera del tiempo.

El teléfono móvil
en el suelo
de la felicidad consciente,
tú con el pelo mojado
haciéndome reír.
No dejes que el pasado
arrastre
esa ausencia de anécdotas
que mora junto a ti
en la profundidad indemne
de los plazos,
duermes y deseas,
es tu soberanía el aprecio a los otros.
Careces de pretextos,
de teorías
heladas
que rechazamos mil veces,
percibes la tensión falsa antes que nadie.
En este viaje apareció
la pisada
que ofreces y yo devoro,
la intención de amar al ataque
sin que eso diluya nada,
lo convierta en polvo.

Impotentes las rosas lúcidas
se dejan morir en el patio,
como no existe ningún final para ellas
optan por la calma como pretexto,
aliento o muro
casi nadie recuerda
que en este mismo lugar hubo antes una cuadra,
en el suelo aparte del ganado
dormían los hombres y mujeres
que trabajaban de sol a sol.
Intuyo sus cuerpos
y el problema para mi voz
es que no quisiera parecer injusto
ante la anestesia de la pureza,
lejos del azar sin concesiones
que acaba
convertido en abuso.
¿Qué nos pasa?

El agua está efervescente,
beben de ella los pájaros
y estallan contra la isla. Desmemoriados
se posan muy poco antes
de esa marca que el cieno
atisba. ¿Qué es un final
cuando se repite?
Las preguntas no desaparecen
en la resonancia infecta
de lo sabido, algunos símbolos
perduran hasta pudrirse.
Escucho cómo la piedra cae
en la oscuridad despojada
de recuerdos. Es la misma piedra
que he tirado otras veces al río,
pero ahora estás
y tu cuerpo acude
en un vuelo de ondas que se quiebran.

Como la reforma del callejón interior
no parecía tener fin
abrí la ventana
a las semillas algodonosas de los chopos.
En aquel piso pequeño y mal ventilado
mi lápiz rehusó la otra nada,
con la suma de nuestros ingresos
no hubo forma.
Desmentida la espera,
un escondite que tampoco serviría,
la insensata luz trepa
por las paredes incineradas
en verbos como seguir.
Pero se acabó,
es el frío
y las justificaciones previas
de esos cadáveres de plastilina
que acaban desangrándose.
En esta historia de desamor
aparto la hierba
como quien separa la adicción
de la tristeza.

La luna se arrastra por el parque,
ciertas paredes
se arrugan en contacto con las fosas
y el tiempo musita
esa alegría que es apego,
es ahí donde inventamos normas
hasta que después el cárabo
se termina posando
sobre nuestra piel,
otro lugar con los cables al aire.
En el patio del cementerio al que me gusta venir
no existe la resurrección,
el lugar exacto de la vieja sintaxis.
Un deseo
no es nunca una respuesta.
Hay momentos en los que no tiene
mucho sentido esperar (casi todos),
nadie escucha
y vivimos en medio de una reyerta
que no existe, o no nos toca,
nos conformamos con clavarnos las uñas
levantando la de un dedo con otro
y, en ocasiones, por un pequeño error
nos hacemos sangre.

Las noticias llegan
con la espuma de los fusilados,
sin darme cuenta he dado de sí
el cuello de la camiseta,
sobre la pantalla del móvil
también están los derechos propios.
Se apresuran los murciélagos
a comerse los primeros mosquitos,
como nosotros
en algún momento de este verano
tendrán que decir que no era eso, basta.
En este final del día
pienso en el futuro
como recurrencia adulterada,
en si tiene sentido darle vueltas a algo así,
entonces, la pregunta,
¿cuántas veces más podré coger a mi hija en brazos?
La ficción ha comenzado a hacerme más daño
que la realidad.

Eres lo contrario a la nostalgia,
tu alegría porosa está ahí
con la risa como obligación y derecho
y no obvio la naturaleza
ni la novedad tóxica de las clausuras,
el abandono
que vive en el silencio fósil.
Te amo porque nunca
dejas a su suerte a los débiles.

Derribaron la L
y ese agujero comenzó a ser aceptado,
las primeras veces que pasé por allí
no me sirvieron para dar
con los responsables de aquel desastre.
El edificio se sostenía
pero alrededor todo iba cayendo,
las muertes escondidas
como material para vivir.
El nuevo desencanto es un concepto sin sentido
cuando han arrancado la puerta del ascensor,
después de destrozar la escalera
pasaron siete años hasta el derribo.
Aunque sea así hay que contar las victorias,
esta parcela abandonada
que las vecinas prefieren a lo que había,
el colegio a punto de cerrar que ahora ha revivido.

Ocultó la voz
un egoísmo que no esperábamos,
hemos quedado en volver.
De estas ausencias sabemos
y apenas permanece
de aquella felicidad política,
pero si queremos vivir
la ceremonia tendrá que repetirse,
con otros, las plazas
en su amor incansable
enseñan cosas más importantes
que tener razón.
No convirtamos la impiedad
en una falacia
antes de que los nuevos deseos inútiles
aguarden.

Abre el cemento para plantar árboles,
encharcadas las cortinas
y con dolor de estómago
decide bajo la carga sexual de los manzanos
que merece la pena
el nacimiento de otros.
Oscuro sin iris,
ruido de los cristales
calla cómo fueron
anónimos los comentarios
que llevaron a la lengua
la desolación, porque
solo las derrotas se parecen entre sí.
Una cierta verdad
no puede ser impenetrable,
buscamos algo
de placer en maraña
sencillo o complejo, pero común
sintamos, para después hacer con ello
tacto, vida.
Y continuar porque
cosa limitada es la épica,
añade un estrés disipado en todo
lo que toca. No merece la pena,
por tanto, y el uso de enemigos comunes
está sobrevalorado,
acaba feneciendo en los hombres caballo
de siempre.

Más allá de la moral ensombrecida
que avanza con la edad,
se alimenta, recoge humor;
cuidar y ser cuidado, poco más
debería ser nuestra vida,
árboles.

El deseo de chupar el jugo
atrae a esos hombrecillos
hacia aquellas que están
"solas, sin papeles, sin recursos".
Es habitual
que después de lo en apariencia solemne,
gente que acepta sobres con dinero
y vuelve siempre a su domicilio,
estén las que
"solas, sin papeles, sin recursos"
pretenden ganarse la vida
con una suerte de ética inviable:
comer, mandar algo de dinero a casa,
con sueño y sin frío
del asco, el cansancio en el cuello
de las videocámaras. Respirar.

Curioso que en ocasiones
te escuche lejos, en la calle, y tú,
lugar de mí mismo,
te vayas acercando como casi cada día,
me abraces y calmado
sepa que ojalá esa respiración
pudiera inevitable hasta entonces
sentir las venas
y no pensar de manera precisa
en casi nada.
No tardarás en llegar, por otro lado,
justo un poco antes
habré creído escuchar tu habla,
ese sonido que no existe
hasta que llegas,
un recuerdo
que desconocemos
y está.

La fatiga, la casa y
un par de monedas desleídas
sobre una mesa;
en algún punto del suelo
las tablas de castaño eran polvo.
Desde semanas atrás
no llovía bajo la maleza,
queríamos demostrar
que no teníamos miedo,
bullir como pequeños animales
y marcharnos.
La humedad se dilata hasta hoy,
en ese camino paralelo a las carcomas
supimos
que no volveríamos
a aquel vertedero
sagrado.

Corren cuesta abajo
entre las excavadoras aparcadas,
si midieran diez centímetros más
se abrirían la cabeza con
algún retrovisor, esa parte del tiempo
que queda fuera
les sirve ahora para salvarse.
El vértigo ha de volver,
conciencia de las miradas
que se dicen neutras
y nunca lo son.

En apariencia frágil
la carretera con miles de coches
se retuerce en mi ventana hasta el río.
Este discurrir contrario a la alegría
hace que vea en él
los meses secos que llegarán,
esos insultos quebradizos
que no alcanzo a oír. Este es
mi horizonte más repetido,
las bandadas de vencejos,
las cicatrices, algunas nubes
a la distancia justa.
Ahora que esta contemplación
sin apenas intensidad
se marcha, he dejado de esperar.

Su respiración convive
y en el amarillo de la pared la espalda
busca
cómo el poder inquiere,
cada día se juntan a fumar.
Las primeras líneas dibujadas en la arcilla
antes de que el edificio se levantara
sobre aquel paraje atópico
en el que tantas veces habíamos jugado.
Tras el relámpago se iban los segundos,
uno, dos, tres, cuatro, cinco, seis,
el agua estaba ya muy próxima
a los encofrados
y había que acabar;
¿una nueva tormenta tanto tiempo después
tiene algún significado?
La parábola
no se puede dar por terminada,
vinieron los despidos
y como ellos
engullimos el moho
para seguir.
Las sirenas también
hablaban de nosotros, pero no renunciamos.
Todo abismo tiene una parte estúpida.
Permanecer, ese imposible
sobre la nada geológica
y mejor será que olvidemos
cuanto antes

lo impreciso que a la vida
se yuxtapone inútil,
entreguemos esa verdad a la tiza
y como ella que abandona
para mostrar su cara
sigamos como se pueda
al lado de otros con miedo.
Todo abismo tiene una parte estúpida.
No nos dejemos ir,
no lo pongamos fácil.

El hombre que calmó
su bruxismo con tu lealtad
ha desaparecido,
yo no sabía nada,
pero esta tarde he visto el cartel
de "se vende" en la casa.
Desde ese cristal abierto
señalaste el lugar fiel
de la garceta:
"Habría que limpiar la esvástica
que han pintado en aquella torre de la luz
pegada al río".
Contigo murió una mujer hermosa y vieja,
una historia de estupor
sin banalidad. Ahora ha muerto él.
La felicidad y la catástrofe
estaban demasiado cerca.

Abandonado el ruido,
acabamos la jornada
en la pausa del deseo.
Disímiles las alegrías
en el tono de su forma de decir
"vómito", encuentra tus manos,
pero él es con todo
muy pequeño y eres tú
la que arroja al suelo las sábanas
que llevo a la lavadora.
La noche cuartea el tiempo,
lo comprende;
durante el día dormimos
a cualquier hora, siempre
demasiado poco, casi nada.

En una costumbre cualquiera
son años para encontrar
otro lenguaje, una salvación,
¿qué salvación?
El futuro, ese presente,
nuestras acciones casi un hogar
para la muerte originaria.
La felicidad despegada
de la clase, mortal y en ausencia,
olvida su vuelta
porque
no tenemos que volver
si de ahí
la conciencia
evita que poco a poco nos maten,
damos gracias al miedo, entonces
entendemos que la política
es un deseo que nos
acompaña. El futuro, por tanto,
el hallazgo de los otros
en su entusiasmo lento.

Salvaje la higuera
acuerda con la risa
sus últimos años. Se sienta ahí,
lo saludo. Los perros huérfanos
engullen raíces,
demuelen los días
ya sin nada en el alambique.
Espera a que hayan crecido
hasta la pared los tarayes,
las hojas densas
de los bombardeos, la usura,
los gritos. Estos últimos meses
son otro espejismo. "No pierdas el tiempo
aquí sentado. No vienen ni las avispas". Sonríes,
te acerco el agua sucia
que tantas veces nos ha salvado,
pero el jardín ya no obedece.
En la víspera
la edad tiembla como un reflejo,
asume que tras de sí quedará
todo cuanto no quisimos.
Ese chillido recurrente,
quizás algo enfermizo,
esperará, de esa nada
depende la vida a partir de ahora.

No hay nada que filtre más el pasado
que el futuro. En la fotografía ríes,
siento la distancia
que empiezas a ver como un imposible,
anoto el deseo en las uñas,
líquido preseminal para un imaginario
inédito, desconozco si estoy
ante el hado egoísta
de mis intuiciones.
Descartamos la biografía:
sobrinos, propiedades, amores primeros.
Anoto el deseo
ahora que eres real, urgente,
no sabemos cómo acabará todo esto,
supongo que bien
porque no hay más que atracción
destilada, ninguno de los dos pensamos
esperar por la vida.

Sin posibilidad para la tristeza
tu cuerpo,
¿amarnos sin memoria
hasta volvernos inseparables?
Se proyecta el desánimo
del ruido en otros
y no dedicamos tiempo a mal mirar,
el más de lo mismo que no queremos,
estupor en la nada,
un viejo glosario indemne
por inútil,
es la extraña soledad de tenerlo todo.
Callamos,
memorizas cada destierro:
hay gente que hace planes
para después de la muerte,
yo tanteo sin luz tus huellas originales.
Comparto
el deseo habitable,
me duele
el estómago cuando te deformas,
deberíamos
amarnos sin memoria
hasta volvernos inseparables.

Miro atrás y es inevitable el principio,
la tormenta
se aleja, únicamente
algún goterón
cae sobre nosotros y el río,
casi oscuro ese afecto
que a veces nos recorre
entre el amor y la lealtad.
Sentados en el interior de un taray
resuena el tiempo como si
lo estuviéramos matando;
sabes que la vida no es ese momento
aunque lo sea,
aunque deseemos que lo sea.
La extraña alegría
de pasear juntos a la intemperie
se renueva de forma inexplicable.

No consiguen superar el azud
los barbos; el raro espectáculo
nos detiene unos instantes.
Como otras veces, nos tocamos
sin tocarnos,
caigo en la cuenta
de que muchos de ellos
van a morir. No digo nada.
La vida se vuelve imposible
y maravillosa, curioso
que sea cuando
la atracción mutua
se puede cortar.
No pienso más allá de la duda,
en el desierto que había
dejado, en cómo
aquel río también
empezaría a acompañarnos.

La mano huesuda
rodeada de plástico,
una utopía, tu mano.
Me hablas de su densidad maltrecha
solo cuando estás delante y puedes
sonreír,
esquivas las cenizas,
en las peores circunstancias el gozo
compartido quiere
que nos sigamos buscando.

ÍNDICE

MALEZA

Esta obra
se acabó de imprimir
con los auspicios de
Charo Fierro y
Antonio J. Huerga, editores

FINIS CORONAT OPUS